PIANO / VOCAL / GUITAR

LUKE BRYAN
tailgates & tanlines

T0056537

ISBN 978-1-4584-9128-2

HAL•LEONARD®
CORPORATION

7777 W. BLUEMOUND RD. P.O.BOX 13819 MILWAUKEE, WI 53213

Visit Hal Leonard Online at
www.halleonard.com

COUNTRY GIRL
(Shake It for Me)

Words and Music by LUKE BRYAN
and DALLAS DAVIDSON

Coun-try girl, shake it for me, girl, shake it for me,

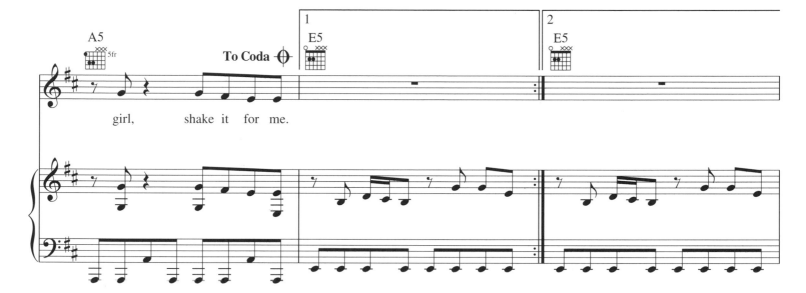

girl, shake it for me.

To Coda

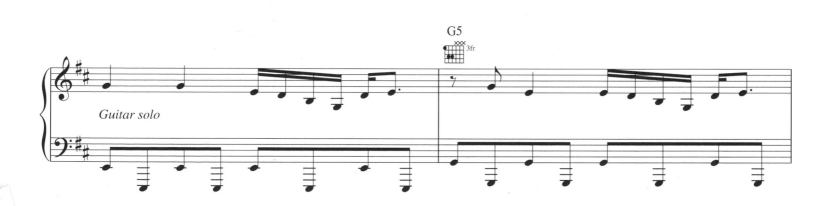

Guitar solo

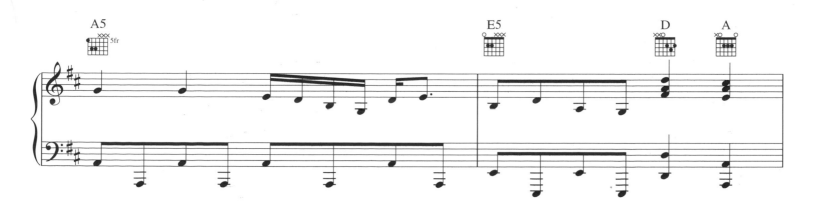

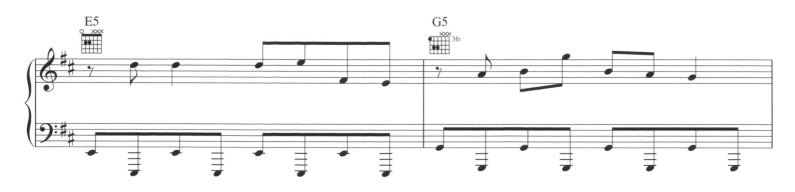

Solo ends Now

dance like a dan - de - lion __ in the wind, on the hill un - der - neath the pines. __ Yeah,

move like the riv - er flows, __ feel __ the kick drum down deep in your toes. __

KISS TOMORROW GOODBYE

Words and Music by LUKE BRYAN,
JEFF STEVENS and SHANE McANALLY

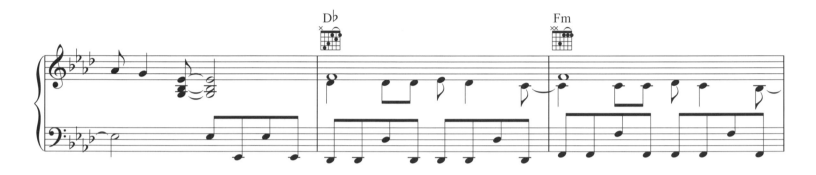

All we do right __
Ba - by, who we are __

__ is make love. __
__ just did - n't work.

And we both ___ know now ___ that ain't ___ e - nough. ___
But may - be we can leave with some-thin' out of all ___ this hurt. ___

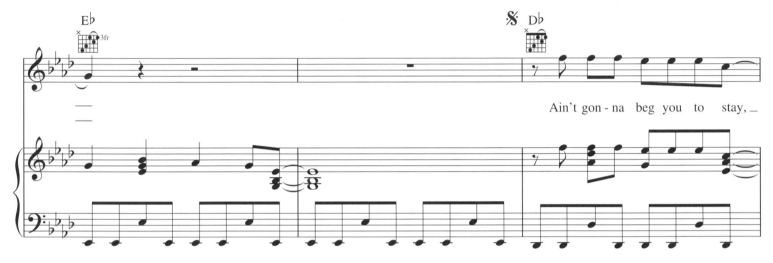

Ain't gon - na beg you to stay, ___

___ ain't got - ta ask you what's wrong. ___ Ain't no rea - son run - nin' af - ter some-thin' al - read - y gone. _

___ Take off your leav - in' dress, ___ let's do what we do ___ best. ___ I guess ev - 'ry - bod - y's

and kiss to - mor - row good - bye. _____

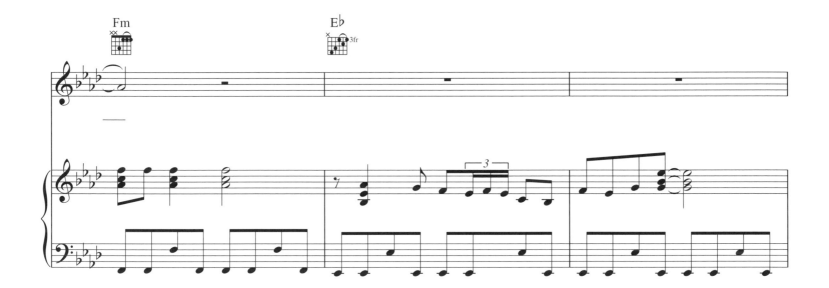

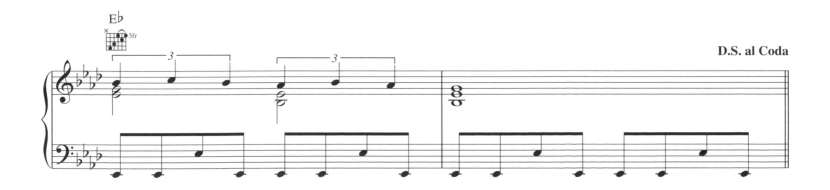

D.S. al Coda

and kiss to - mor - row good - bye.

Kiss to - mor-row good -

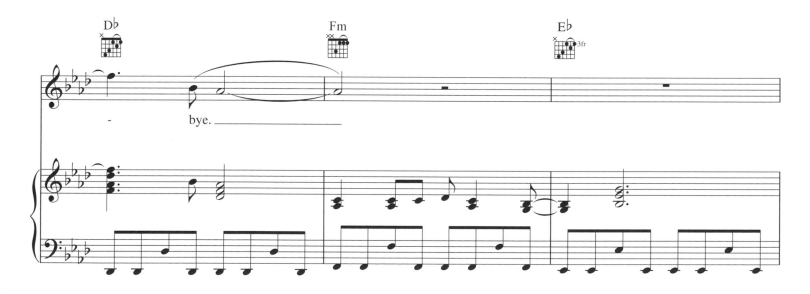

- bye.

DRUNK ON YOU

Words and Music by JOSH KEAR,
RODNEY CLAWSON and CHRIS TOMPKINS

Moderate Country Rock

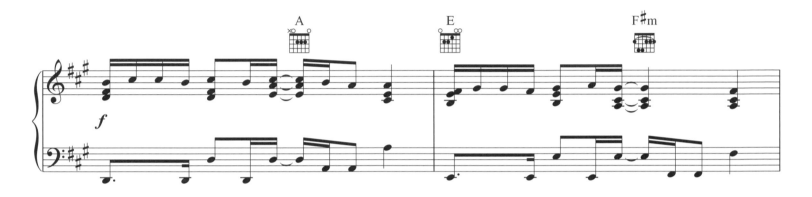

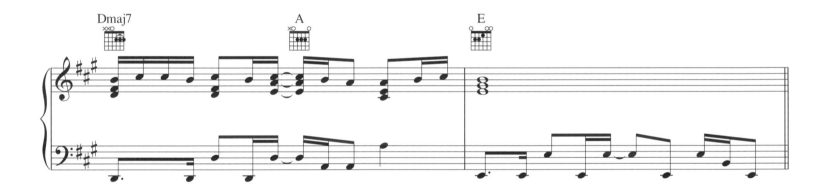

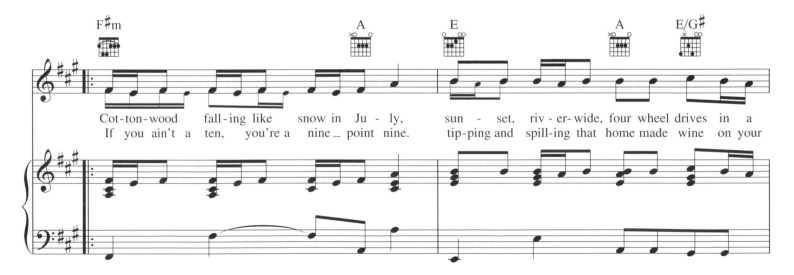

Cot-ton-wood fall-ing like snow in Ju - ly, sun - set, riv-er-wide, four wheel drives in a
If you ain't a ten, you're a nine _ point nine. tip-ping and spill-ing that home made wine on your

tail - light cir - cle. Roll down the win - dows, turn it on up, pour _

tied up t - shirt. Ev - 'ry lit - tle kiss _ is driv - ing me wild, throw -

_ a lit - tle Crown in a Dix - ie cup, _ get the par - ty start - ed.

- ing lit - tle cher - ry bombs in - to my fire, good _ God _ al - might - y.

Girl, you make my speak - ers go boom, _ boom, danc - ing on the tail - gate in the full _ moon.

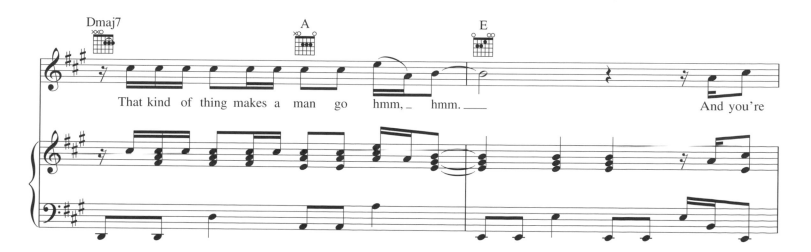

That kind of thing makes a man go hmm, _ hmm. _ And you're

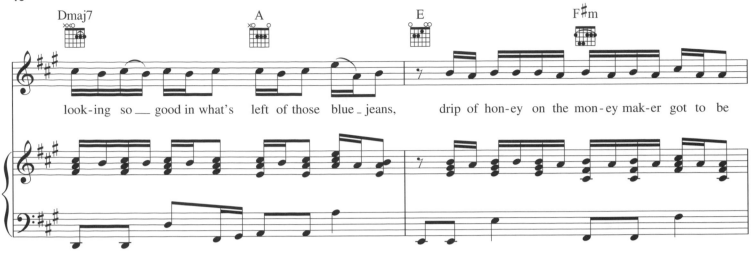

look-ing so __ good in what's left of those blue __ jeans, drip of hon-ey on the mon-ey mak-er got to be

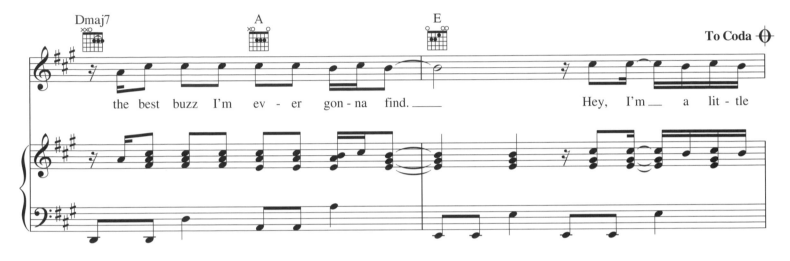

the best buzz I'm ev - er gon - na find. _____ Hey, I'm __ a lit - tle

drunk on you and high on sum - mer - time. _____

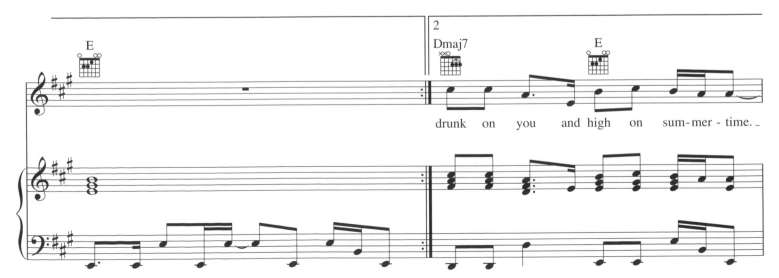

drunk on you and high on sum - mer - time. _

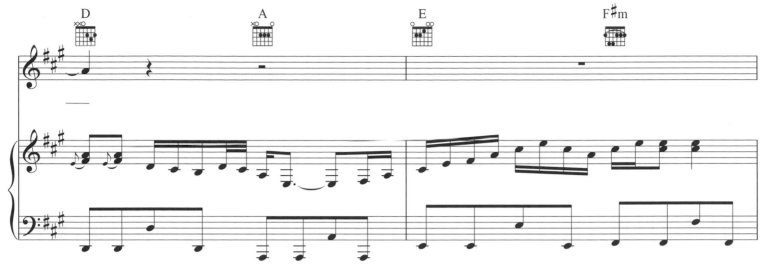

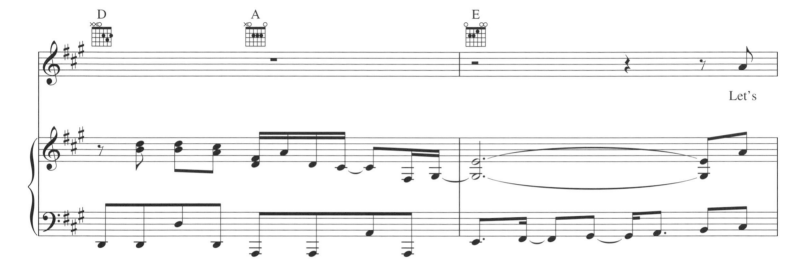

Let's

slip on out __ where it's a lit - tle bit dark - er and when it gets a lit - tle bit hot - ter

D.S. al Coda

we'll take it off on out in the wat - er. __

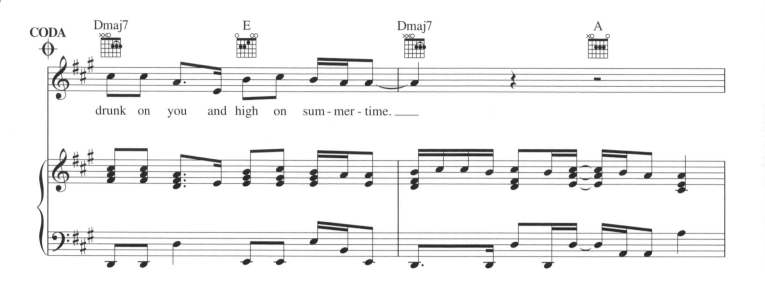

drunk on you and high on sum - mer - time. ____

Yeah, I'm ____ a lit - tle drunk ____ on you. ____

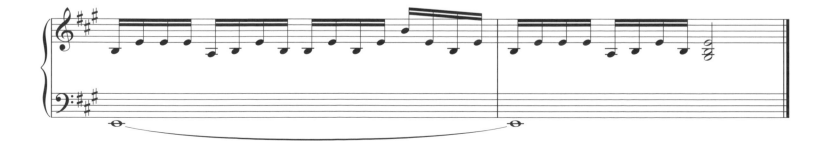

TOO DAMN YOUNG

Words and Music by ARLIS ALBRITTON
and CASEY KOESEL

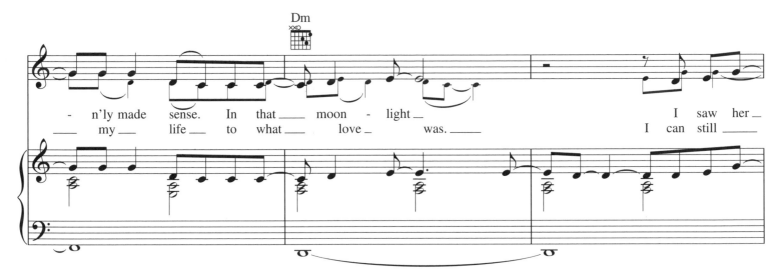

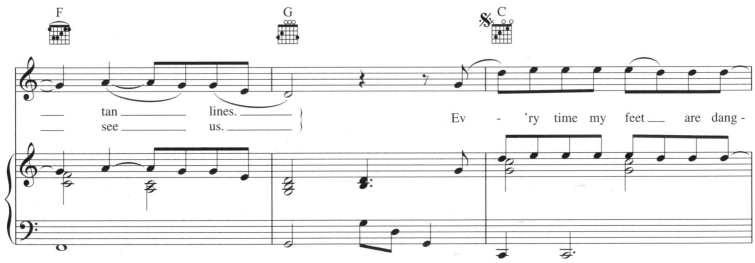

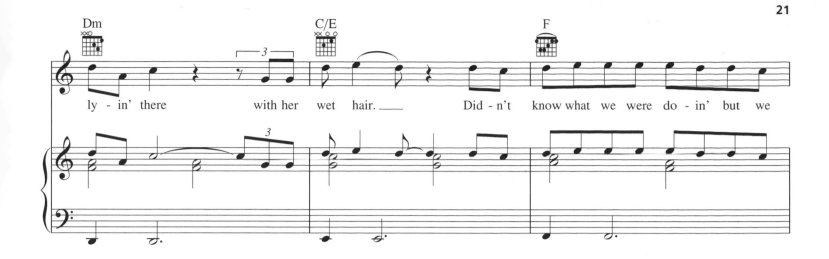

ly - in' there   with her wet hair. ___   Did - n't know what we were do - in' but we

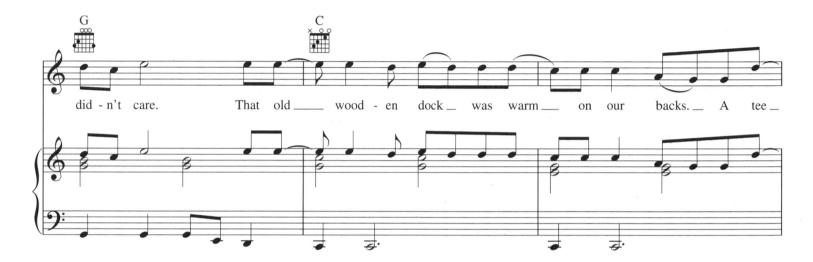

did - n't care.   That old ___ wood - en dock ___ was warm ___ on our backs. ___ A tee ___

___ shirt for a pil - low and just ___ like that   she kissed me   like she

meant   for - ev - er. _____ We were

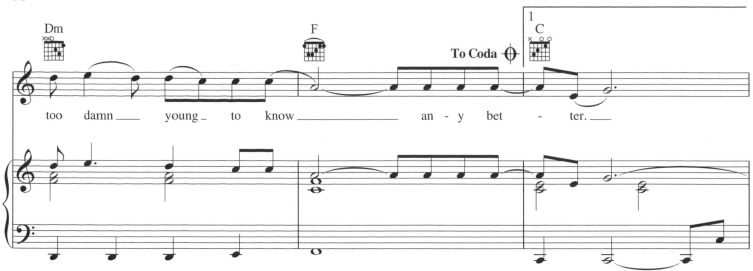

too damn ___ young ___ to know _____ an - y bet - ter. ___

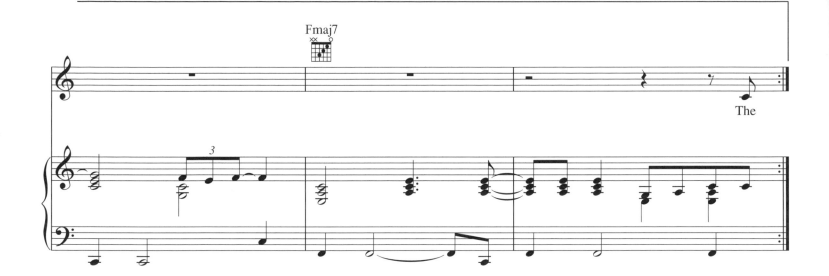

The

- ter. ___

(Ad lib instrumental solo.)

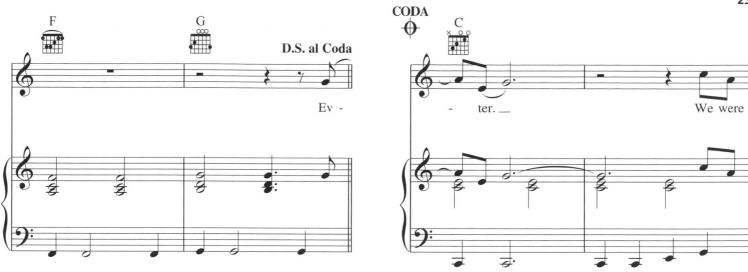

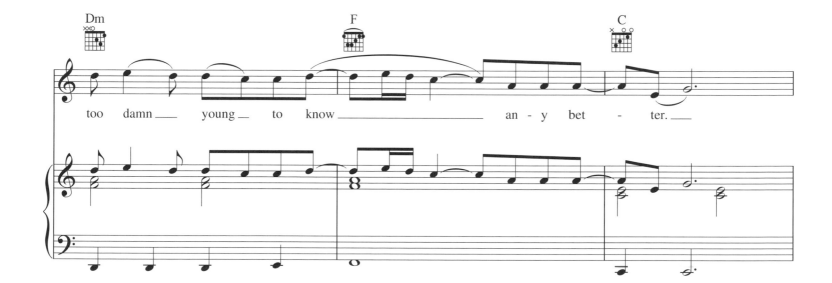

I DON'T WANT THIS NIGHT TO END

Words and Music by LUKE BRYAN,
DALLAS DAVIDSON, RHETT AKINS
and BEN HAYSLIP

Country Rock

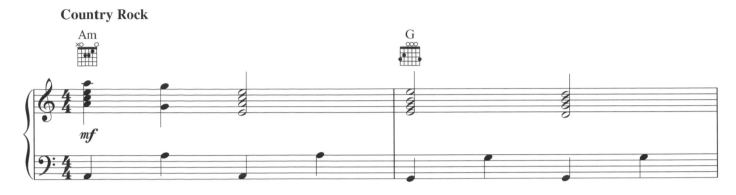

Girl, I know I don't _ know you, but your pret-ty lit-tle eyes _ so blue are
cuss the morn-ing when _ it comes, 'cause I know that the ris - ing sun ain't

pull - ing ___ me in, like the moon on ___ your skin.
no good ___ for me 'cause you'll have ___ to leave. Gon-na

Am ... G

I'm so glad you trust - ed me ___ to slide up on this dust - y seat ___ and
make the most of ev - 'ry mile, ___ do an - y - thing to make your smile ___

F

let your ___ hair down and get out ___ of town. ___ Got the
land on ___ my lips, get drunk on ___ of your kiss. ___ The

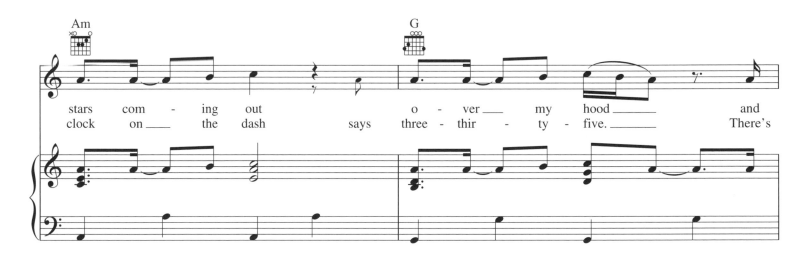

Am ... G

stars com - ing out o - ver ___ my hood ___ and
clock on ___ the dash says three - thir - ty - five. ___ There's

F ... N.C.

all I ___ know now is it's go - ing good. You got your
plen - ty ___ of gas and the night's still ___ a - live. You got your

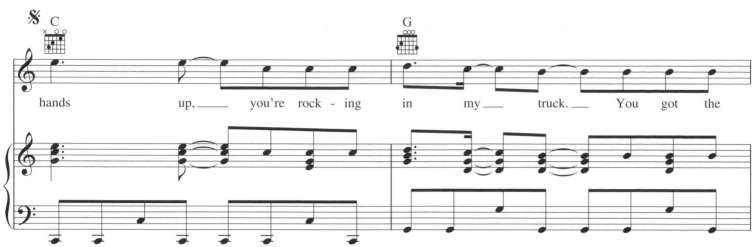

hands up, ___ you're rock - ing in my ___ truck. ___ You got the

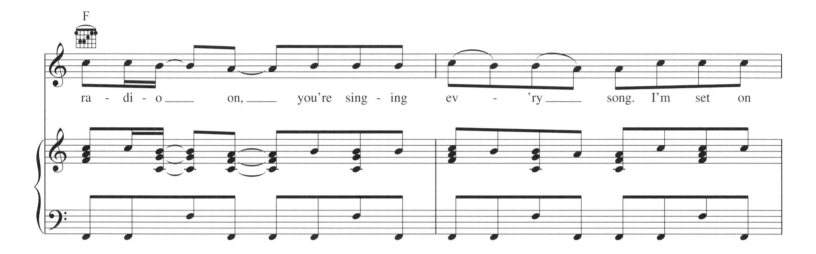

ra - di - o ___ on, ___ you're sing - ing ev - 'ry ___ song. I'm set on

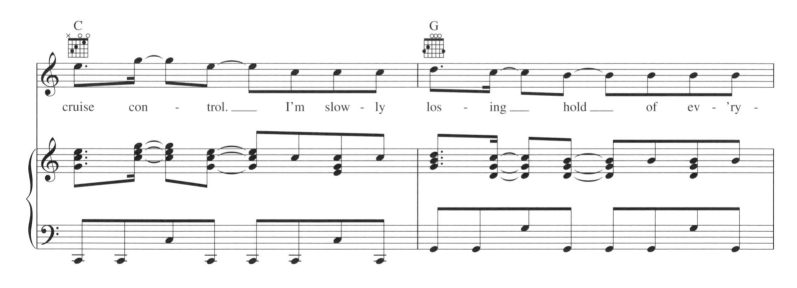

cruise con - trol. ___ I'm slow - ly los - ing ___ hold ___ of ev - 'ry -

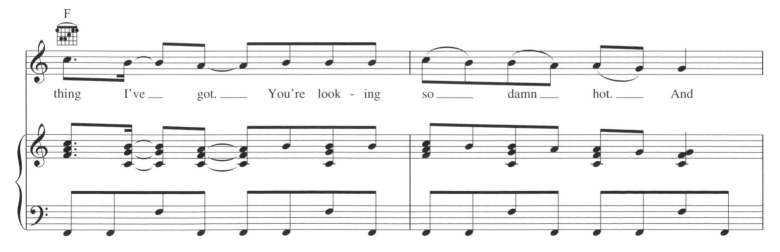

thing I've ___ got. ___ You're look - ing so ___ damn ___ hot. ___ And

I __ don't __ know what road __ we're __ on or where we've been from

star - ing __ at you, __ girl. All __ I __ know is I __ don't __ want __ this

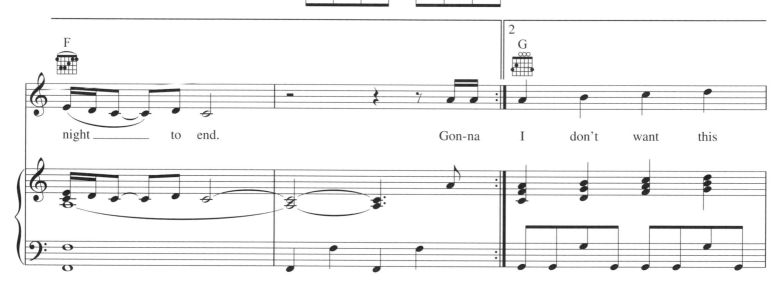

night __ to end. Gon-na I don't want this

night __ to end. __

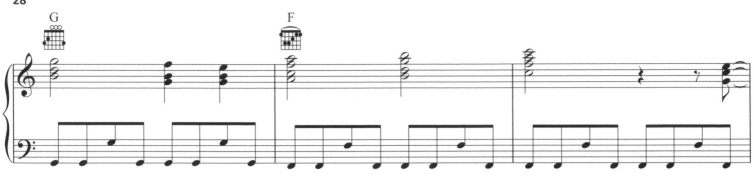

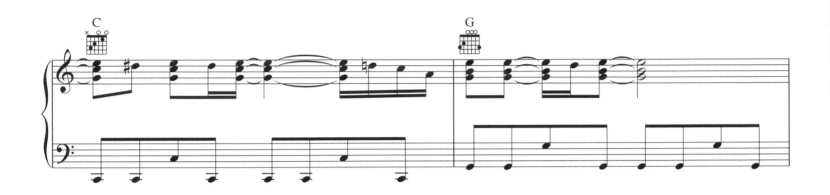

D.S. al Coda

You got your

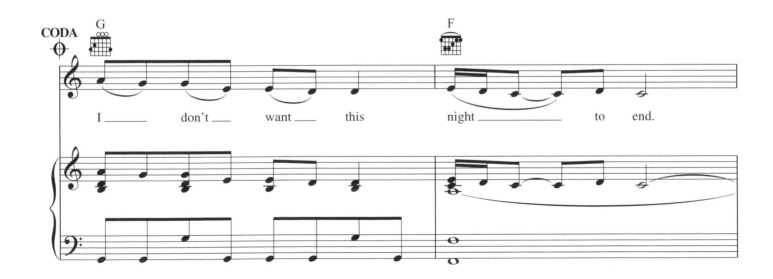

I _____ don't _____ want _____ this night _____ to end.

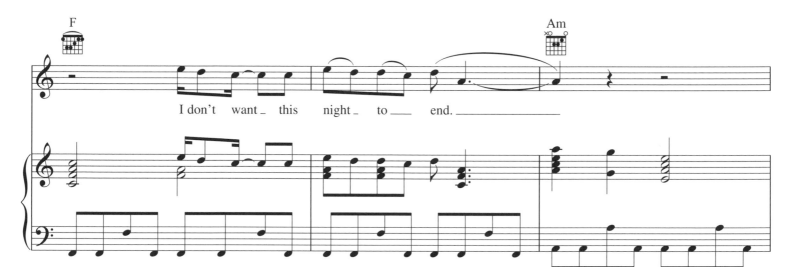

I don't want _ this night _ to ___ end. _____

No, I don't want _ this night _ to ___ end. _____

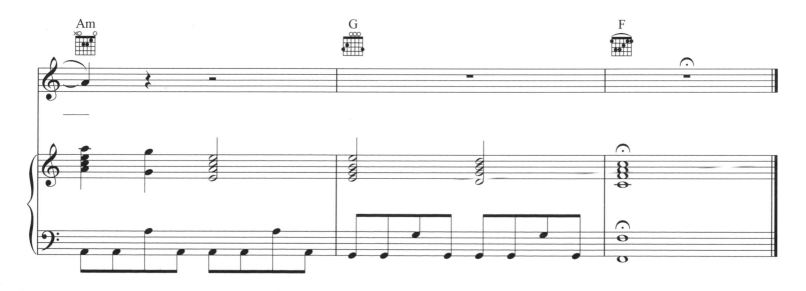

YOU DON'T KNOW JACK

Words and Music by ERIN ENDERLIN
and SHANE McANALLY

Moderately slow

He

asked me for a dol - lar. __ I said, "Go get a job." __

I turned up __ my __ col - lar __ and

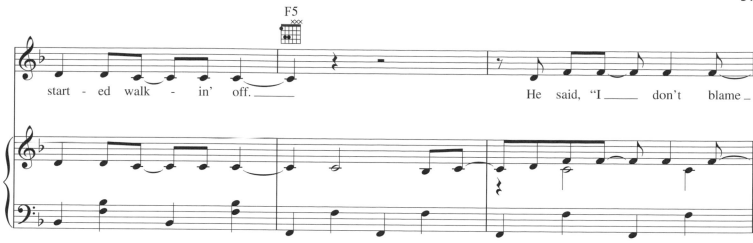

start - ed walk - in' off. ____ He said, "I ____ don't blame ____

____ you. ____ I know what you think. _____

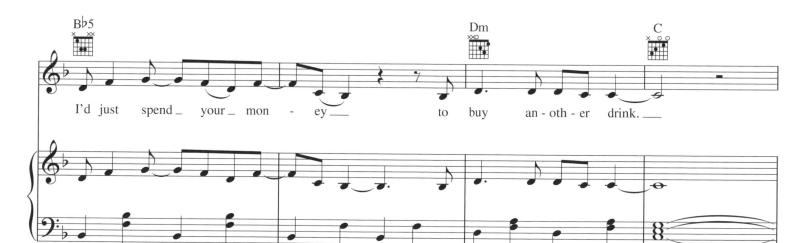

I'd just spend ___ your ___ mon - ey ___ to buy an - oth - er drink. ___

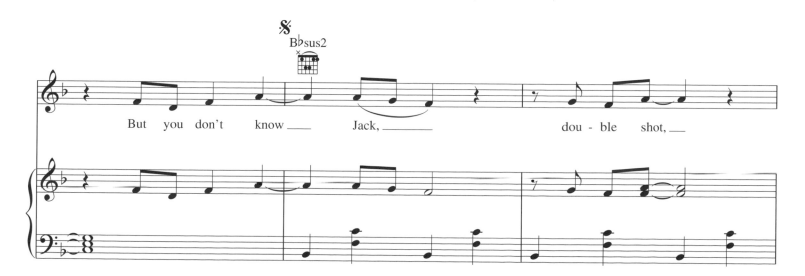

But you don't know ___ Jack, _____ dou - ble shot, ___

eight - y proof, ___ on the rocks ___ un - til you've lost it all ___

and you can't go _____ back _____ to your life ___

and your kids __ and your ex - wife __ with just a tel - e - phone call. __

If you think it's just a bot - tle __ in an old __

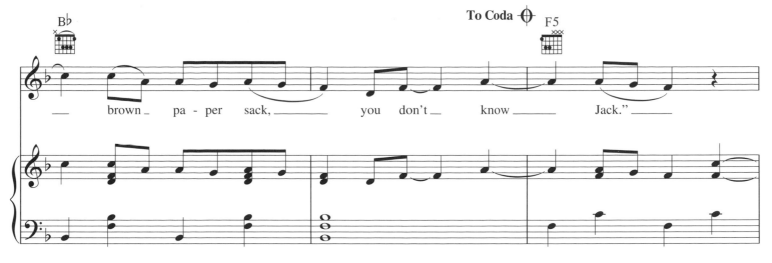

brown ___ pa - per sack, ___ you don't ___ know ___ Jack." ___

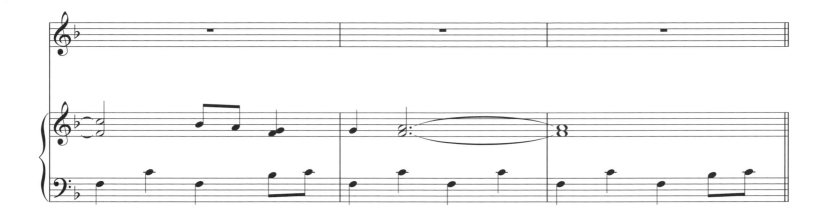

He showed me a pic - ture ___ of two lit - tle girls ___

___ wear - in' Eas - ter dress - es, ___ hair ___

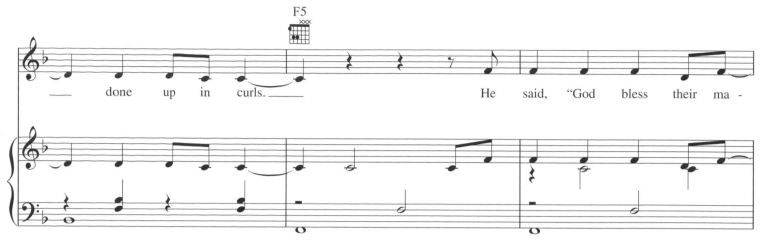

done up in curls. _____ He said, "God bless their ma -

- ma. ____ She said I could - n't stay. _____ Well,

bud - dy, if____ you're__ won - d'rin'__ how could I throw it all ____ a - way,__

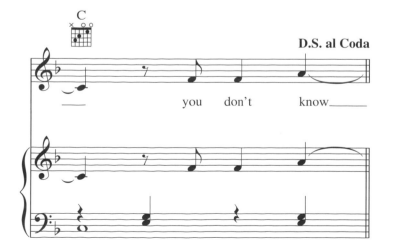

you don't know_____

_____ Jack. _____

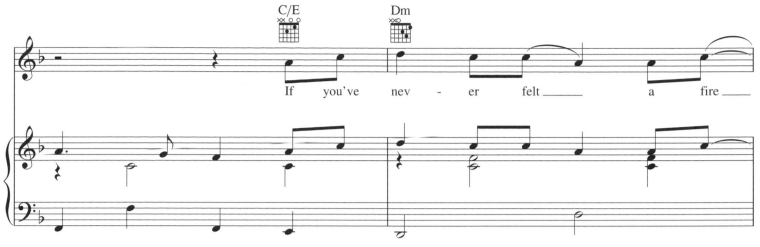

If you've nev - er felt _____ a fire _____

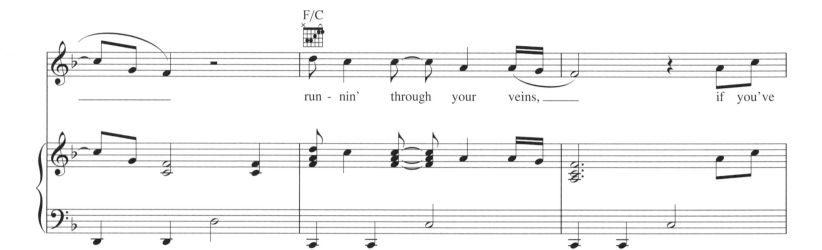

_____ run - nin' through your veins, _____ if you've

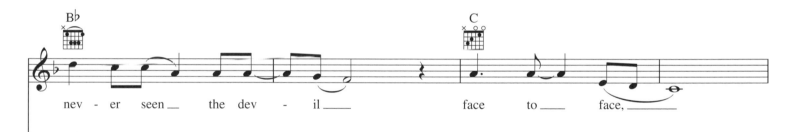

nev - er seen _____ the dev - il _____ face to _____ face, _____

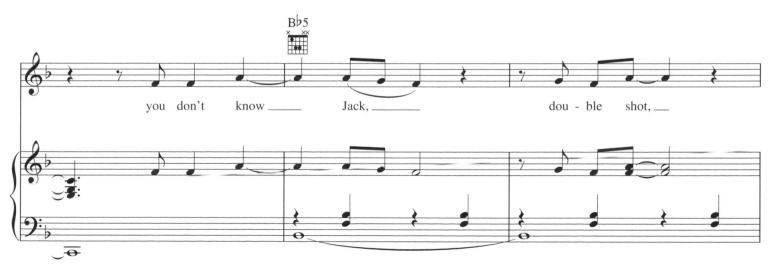

you don't know _____ Jack, _____ dou - ble shot, _____

eight-y proof __ on the rocks, __ un-til you've lost it all. __

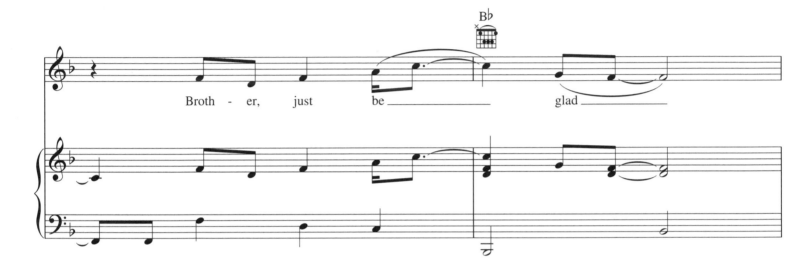

Broth-er, just be __ glad __

And to-night __ hold your kids, __ kiss your wife __ and when you

talk to God, __ count up all __ your bless -

-ings ___ and thank the good ___ Lord that ___ you don't know ___

___ Jack, ___

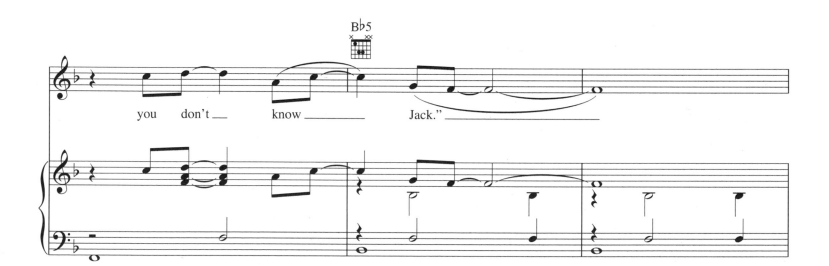

you don't ___ know ___ Jack." ___

rit.

HARVEST TIME

Words and Music by LUKE BRYAN
and RODNEY CLAWSON

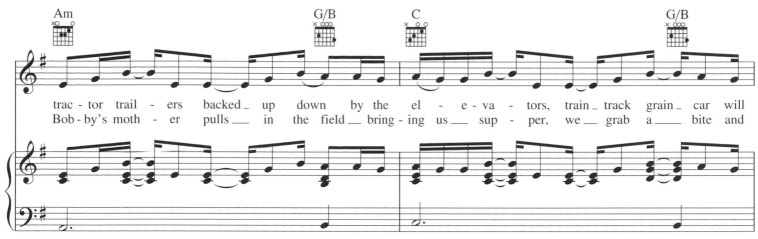

trac - tor trail - ers backed_ up down by the el - e - va - tors, train_ track grain_ car will
Bob - by's moth - er pulls_ in the field_ bring - ing us_ sup - per, we_ grab a_ bite and

roll_ in_ lat - er and get filled up_____ and head on out_ in the world._ It's
make sure_ to hug her. Sad - dle back up,_ and let the big_ wheels_ roll._

har - vest time_ in this_ lit - tle town, time to bring it on_ in,_ pay_ the loans down._ Fill our

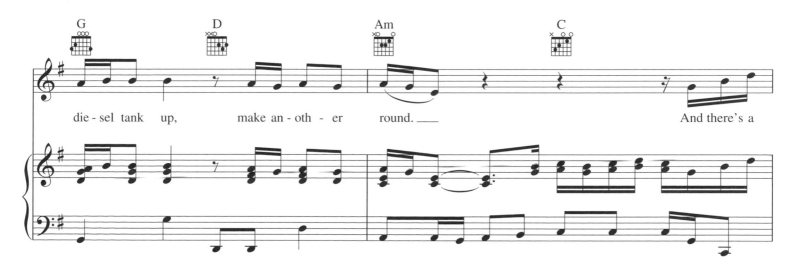

die - sel tank up, make an - oth - er round._ And there's a

big red moon com-ing up in the sky, __ com - bine's cut-ting in a stag-gered line. __ The on-ly

time of year we miss the church bells __ chime, __ it's har - vest time. __

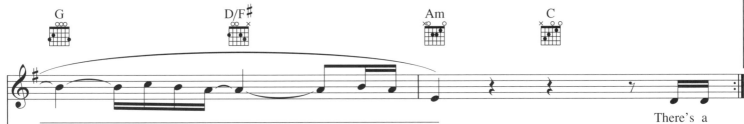

There's a

__ chime, __ it's har - vest time. __

At a

quar-ter 'til two I kick off my boots in the laun-dry room.__ We'll start it all o - ver to-mor-

- row at noon _ 'til it's all done, __ un - til we're all __ done. __ It's

D.S. al Coda

chime, _____ it's har - vest time. _____

It's har - vest time. _____

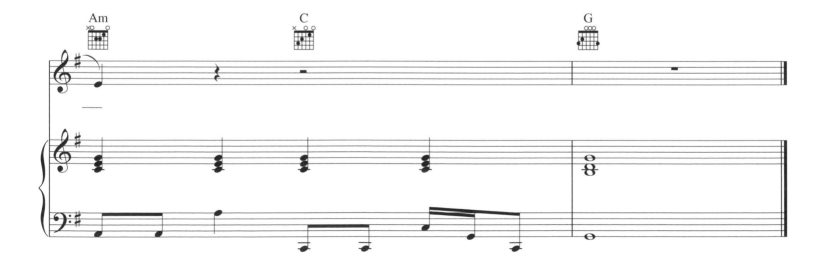

I KNOW YOU'RE GONNA BE THERE

Words and Music by LUKE BRYAN
and ASHLEY GORLEY

Moderate Country Rock

I'm gon-na put on my ___ new shirt, ___

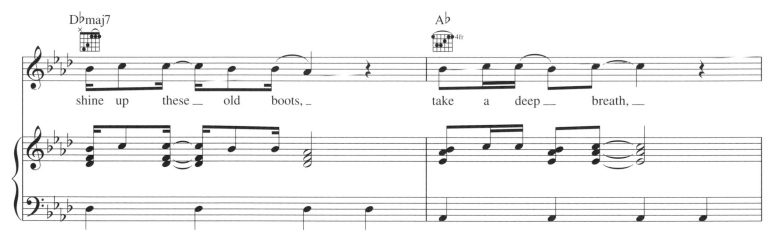

shine up these ___ old boots, ___ take a deep ___ breath, ___

try to keep ___ my cool, ___ I know you're gon-na be there.

I'm gon - na have a cou - ple drinks, just to

knock off the edge. _____ Not too much, _ don't want to make _ a

fool of my - self. _____ I know you're gon - na be there.

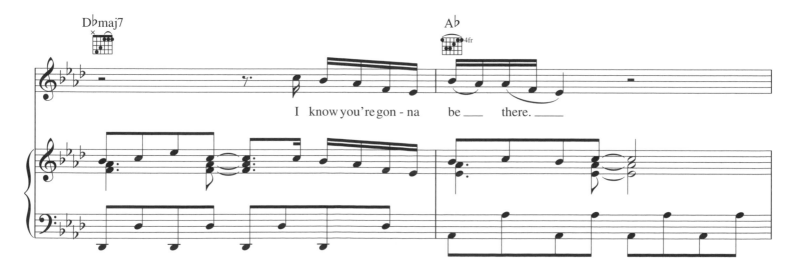

I know you're gon - na be _____ there. _____

care, I know you're gon - na be there.

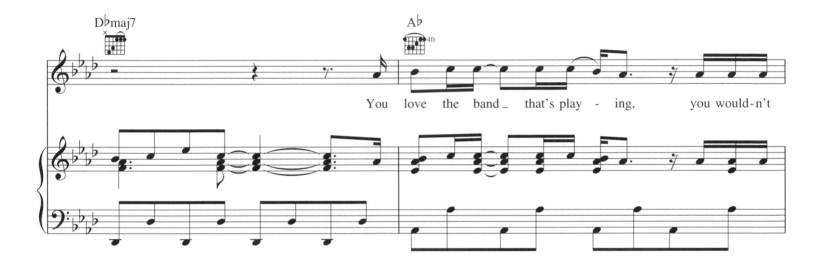

You love the band _ that's play - ing, you would-n't

miss them for the world. All ____ our friends _ are com-ing out _____ and if I __

____ know one _ thing girl, _____ I know you're gon - na be there.

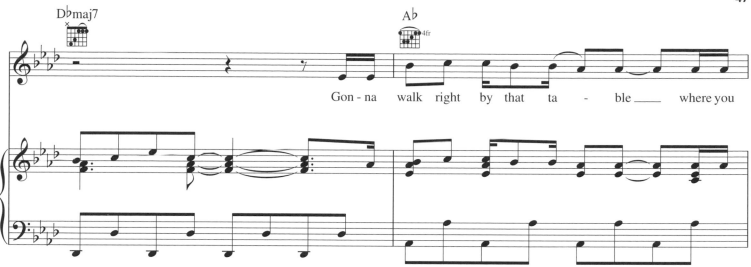

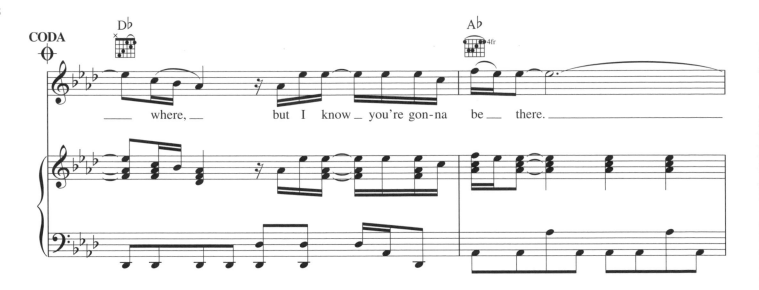

where, __ but I know __ you're gon-na be __ there. __

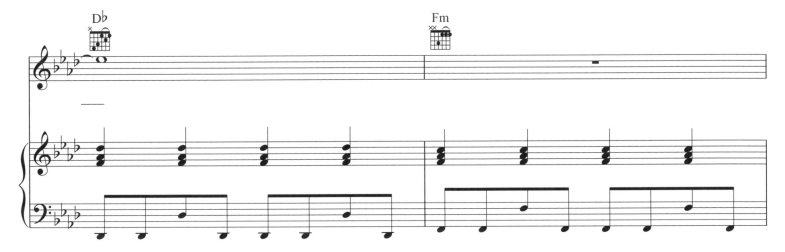

And I'm gon-na bring __ some-bod - y I

bare - ly e - ven know and when you turn __ my __ way __ I'm gon-na

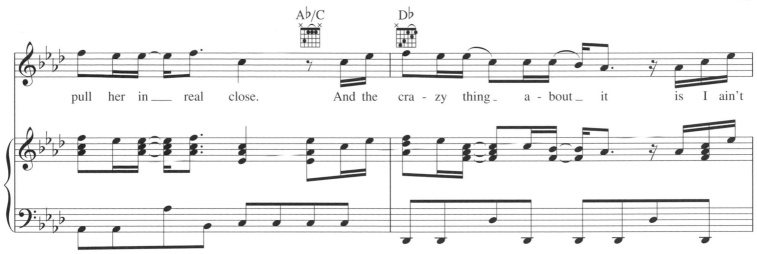

pull her in ___ real close. And the cra - zy thing ___ a - bout ___ it is I ain't

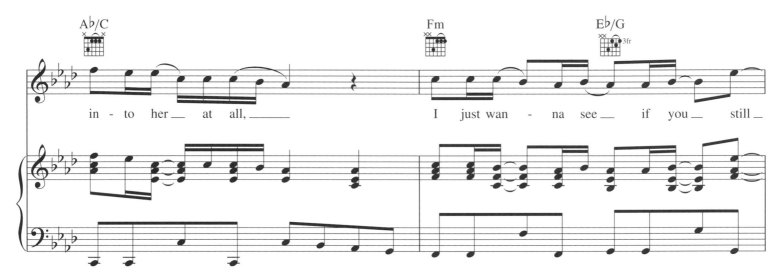

in - to her ___ at all, ___ I just wan - na see ___ if you ___ still ___

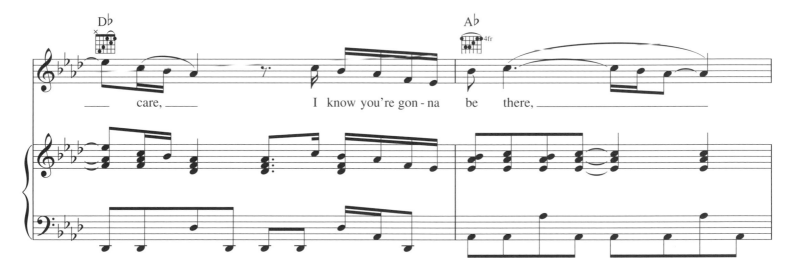

___ care, ___ I know you're gon - na be there, ___

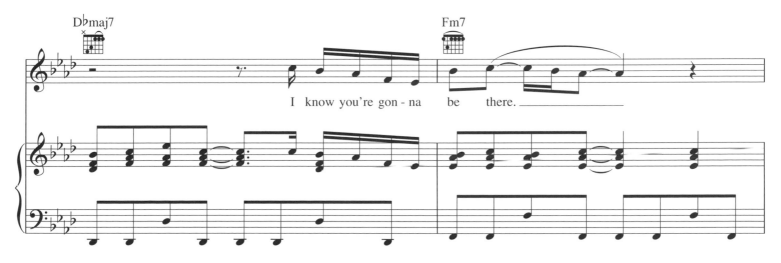

I know you're gon - na be there. ___

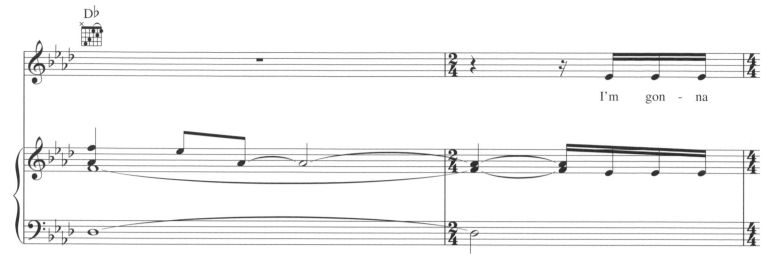

I'm gon - na

put on my ___ new shirt, ___ shine up these ___ old boots. ___

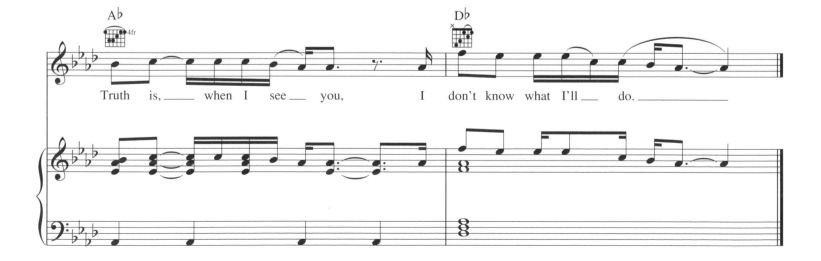

Truth is, ___ when I see ___ you, I don't know what I'll ___ do. ___

MUCKALEE CREEK WATER

Words and Music by LUKE BRYAN
and PATRICK JASON MATTHEWS

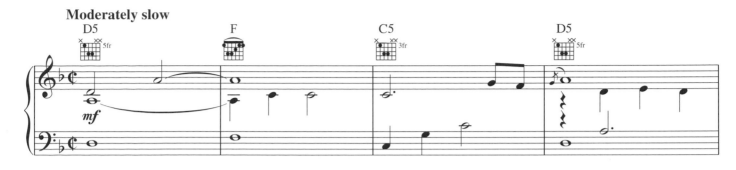

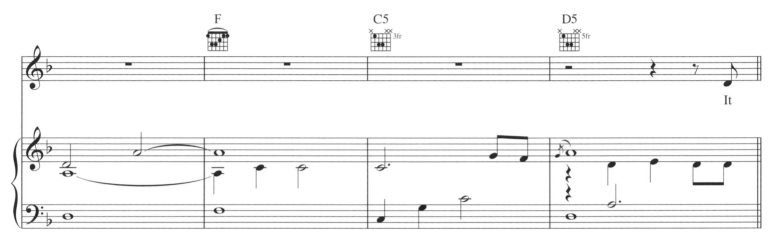

flows un-der-neath the thir-ty-two bridge___ and cuts through the heart of South
brought me down here when I was a kid.___ Taught me how to bait a craw-fish

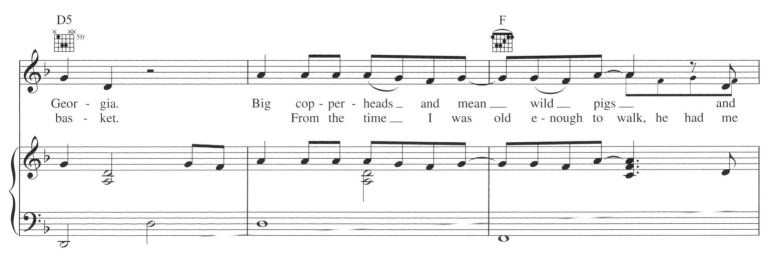

Geor - gia. Big cop-per-heads___ and mean___ wild___ pigs___ and
bas - ket. From the time___ I was old e-nough to walk, he had me

ga - tors in the weeds wait - in' for ya. I leave my phone in the truck, __ I leave my
run - nin' down __ squirrels __ and rab - bits. I feel right at home _____ in this

truck at the road. __ My four wheel - er gets me where I wan - na go. I leave the
neck of the woods. __ If this was all I had, __ I'd be liv - in' good. So let the

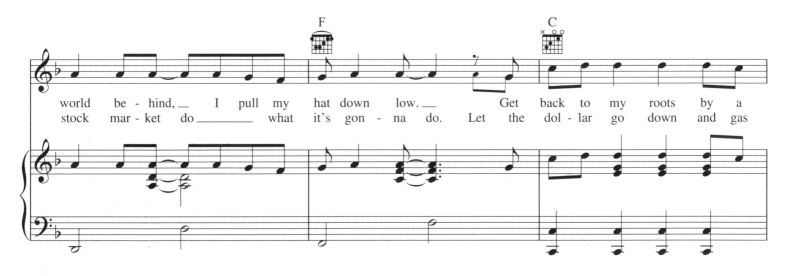

world be - hind, __ I pull my hat down low. __ Get back to my roots by a
stock mar - ket do _____ what it's gon - na do. Let the dol - lar go down and gas

full __ moon glow. I got an old john boat __ that I stowed out there. __ On them
soar threw the roof.

hot sum-mer nights when I get a wild hair,__ I got a moon-shine stash__ in a cy-

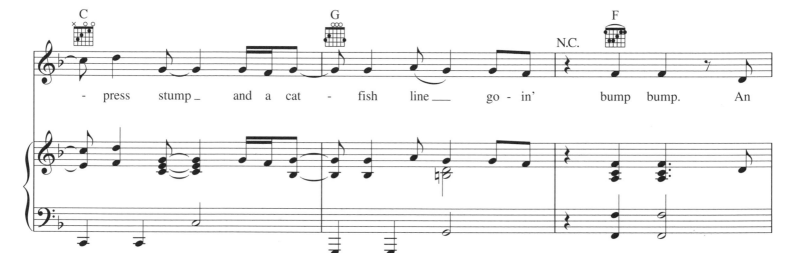

- press stump__ and a cat-fish line__ go-in' bump bump. An

old trac-tor tire__ where I sit__ by the fire__ and drink to a sweet swamp

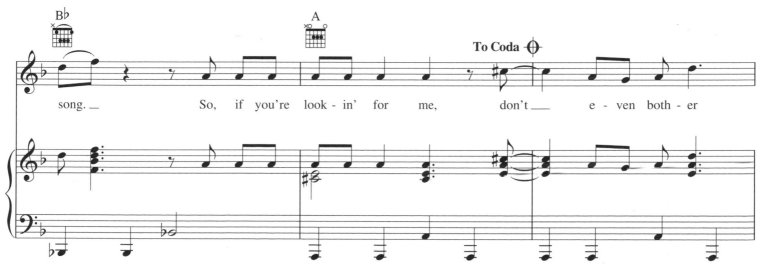

song.__ So, if you're look-in' for me, don't__ e-ven both-er

when I dip my feet in that Muck-a-lee ___ Creek wa-ter.

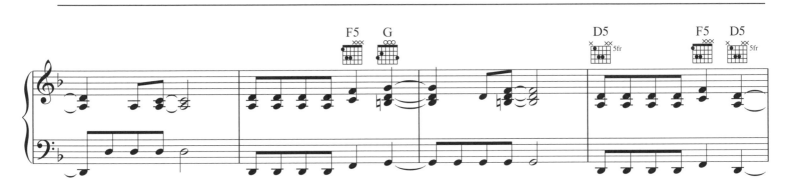

Dad-dy I'm free

and I'm me, be-in' ev-'ry-thing that I wan-na be. ___

No - bod - y jack - in' with me. No sign___ of the ci - ty lights. _____

Hell ___

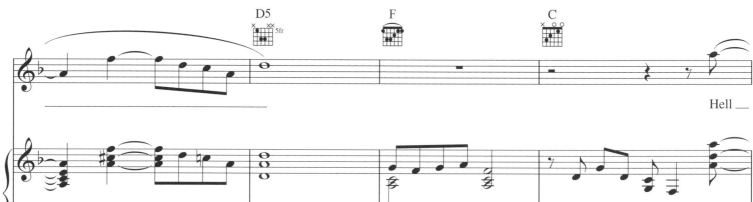

___ with the cit - y lights. _____

D.S. al Coda

Well, ___ I got an

CODA

___ e - ven hol - ler _____

when I get down deep in that Muck - a - lee ___ Creek wa - ter,

that

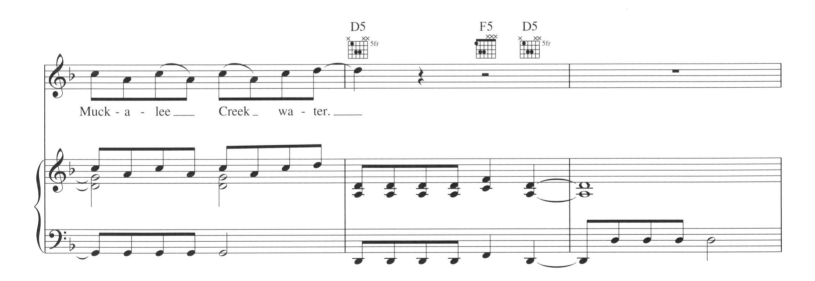

Muck - a - lee ___ Creek _ wa - ter. ___

TAILGATE BLUES

Words and Music by NEIL MEDLEY
and BRENT COBB

Moderate Country

I catch my buzz in ___ the black of night where no-bod-y ev-er goes ___ and a warm ___ wind ___ blows. If I lose my cool ___ in the o-pen and it shows that I'm down and I ain't al-right. ___ I search my ___ soul ___ where ___ there is no ___ moon, the

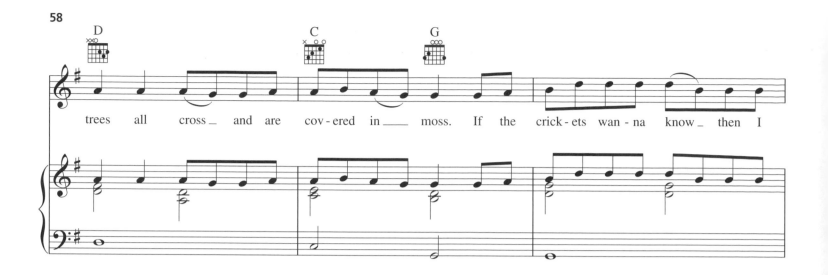

trees all cross___ and are cov-ered in ___ moss. If the crick-ets wan-na know___ then I

tell 'em what I lost. Oh, I've got the tail-gate ___ blues.

I ain't___ sure where it all be-gan, some -

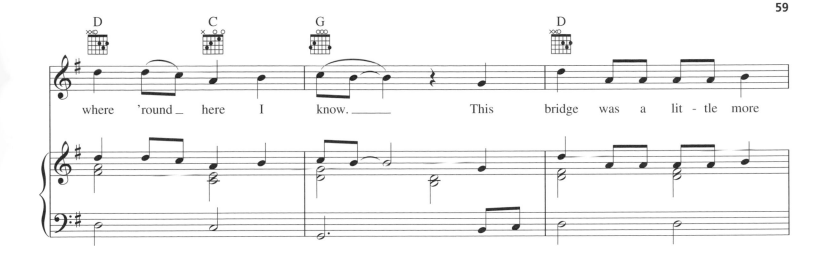

where 'round___ here I know._____ This bridge was a lit-tle more

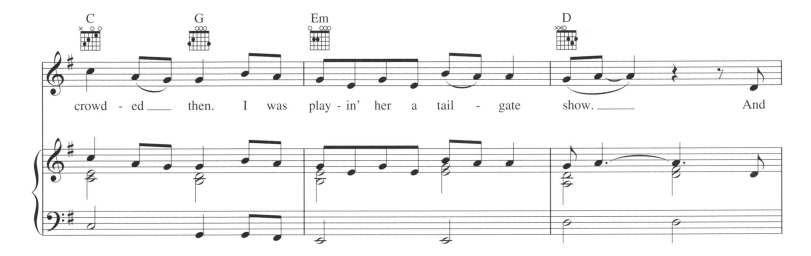

crowd-ed___ then. I was play-in' her a tail-gate show._____ And

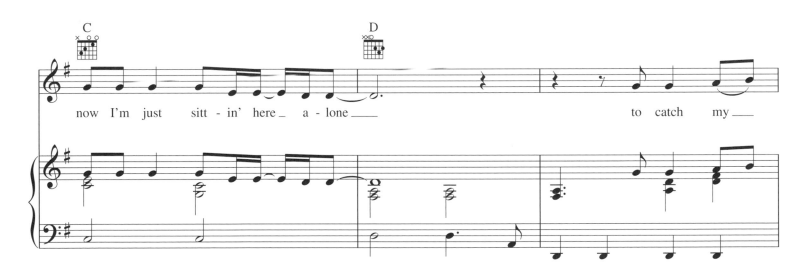

now I'm just sitt-in' here_ a-lone___ to catch my___

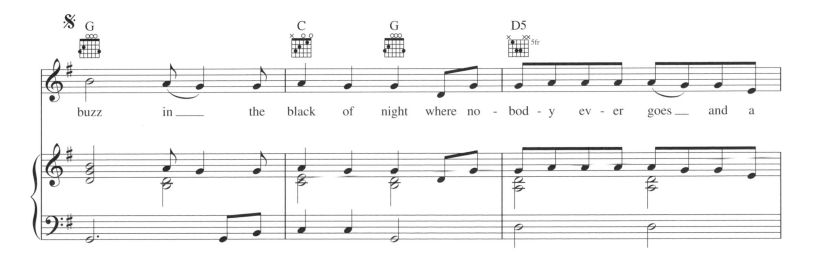

buzz in___ the black of night where no-bod-y ev-er goes___ and a

warm _ wind _ blows. If I lose my cool _ in the o - pen and it shows that I'm

down and I ain't al - right. _____ I search my _ soul _____ where _ there

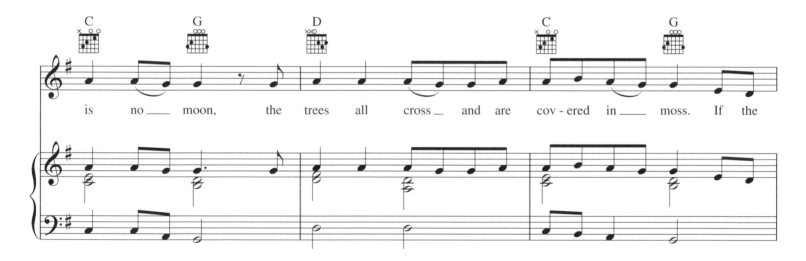

is no _ moon, the trees all cross _ and are cov - ered in ____ moss. If the

crick - ets wan - na know _ then I tell 'em what I lost. Oh, I've got the tail - gate _

blues. Damn that A - M

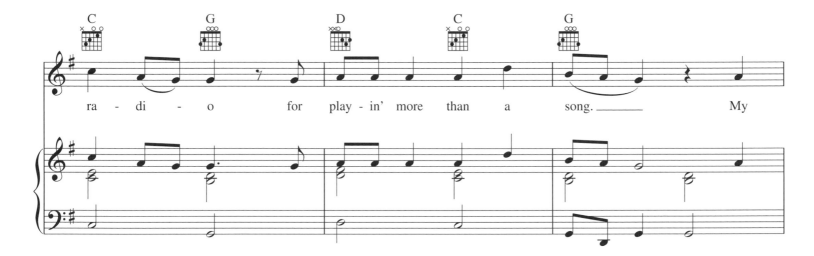

ra - di - o for play - in' more than a song. _____ My

heart won't beat if the strings are all broke. The mel - o - dy's hit - tin' me

D.S. al Coda

wrong ___ right here where she ___ be - longs. _____ I catch my ___

CODA

blues. The crick-ets heard my ____ sto-ry and I

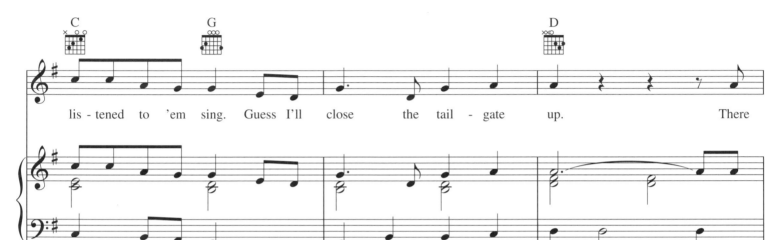

lis-tened to 'em sing. Guess I'll close the tail-gate up. There

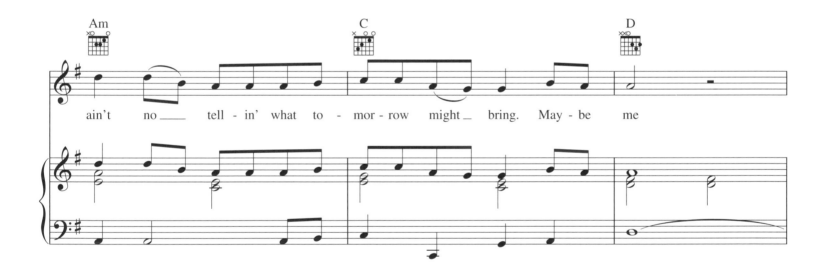

ain't no ____ tell-in' what to-mor-row might ____ bring. May-be me

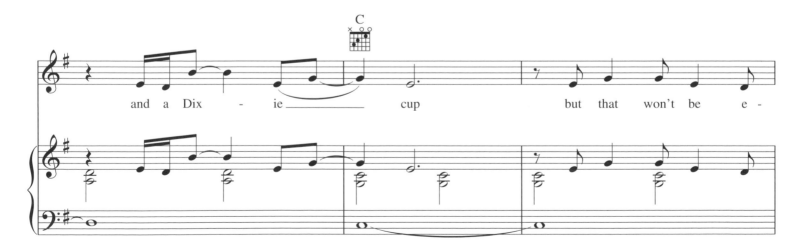

and a Dix - ie _____ cup but that won't be e-

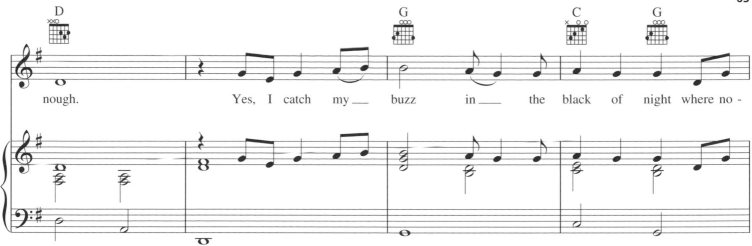

nough. Yes, I catch my __ buzz in __ the black of night where no -

bod - y ev - er goes __ and a warm __ wind __ blows. If I lose my cool __ in the

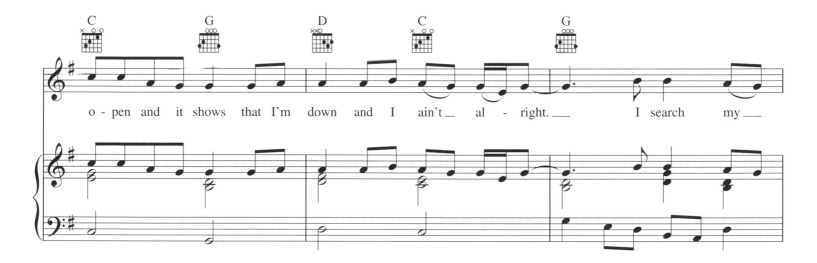

o - pen and it shows that I'm down and I ain't __ al - right. __ I search my __

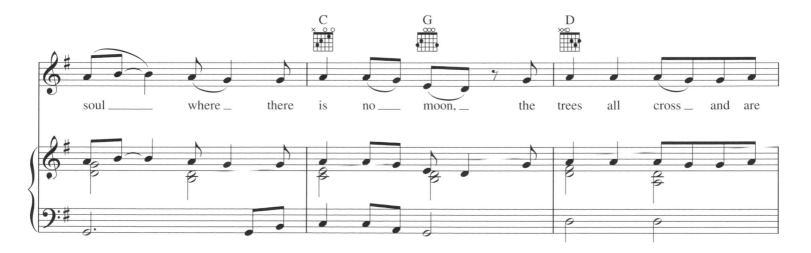

soul _____ where __ there is no __ moon, __ the trees all cross __ and are

cov-ered in ___ moss. If the crick-ets wan-na know _ then I'll tell 'em what I lost. Oh, I've

got the tail-gate _ blues. I catch my _ buzz in ___ the black of night where no-

bod-y ev-er goes _ and a warm _ wind _ blows. If I lose my cool _ in the

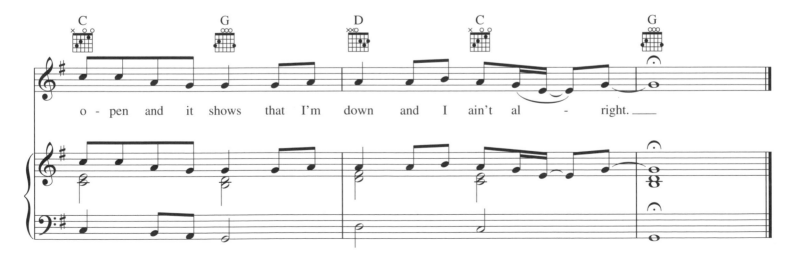

o-pen and it shows that I'm down and I ain't al - right. ___

BEEN THERE, DONE THAT

Words and Music by LUKE BRYAN
and RACHEL THIBODEAU

F

I think e-nough's e-nough. ___
I could just walk out. ___

C

I look down, see your name ___ there on ___ my phone, ___
I put you ___ high ___ up as ___ I could, ___

G

___ then I hit ig-nore ___ and just ___ drive on. ___
___ and I know I've done ev-'ry-thing I should ___

Am

We've been liv-ing like this ___ too long, ___
to try and make ___ a bad ___ thing good. ___

F

there ain't no ___ rea - son to turn 'round; ___
I guess it just took too ___ long ___ for me to see ___

Dm

C/E

that

F

ba - by, you can have it all. ___
we ain't ___ meant ___ to be. ___

C

And I ain't, ___ I ain't ___ com-ing back, ___

I've al-read-y been there, done that. And I'm done with you mess-ing with my mind,

the last time's the last time, ba-by. I can on-ly change who I am so much,

and all I can give is all my love. And my love ain't

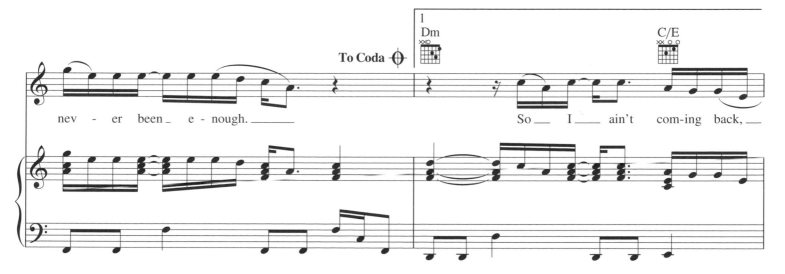

nev - er been e-nough. So I ain't com-ing back,

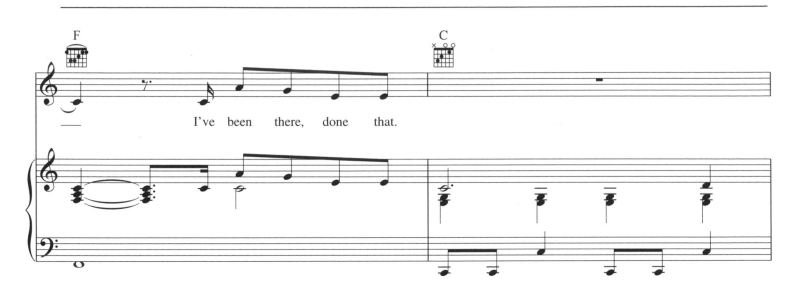

I've been there, done that.

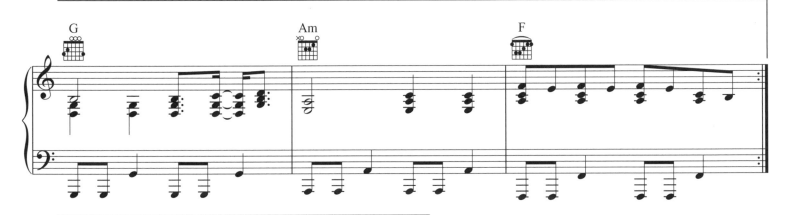

2

So, __ I'm __ not com-ing back, _____ I've been __ there done that. __

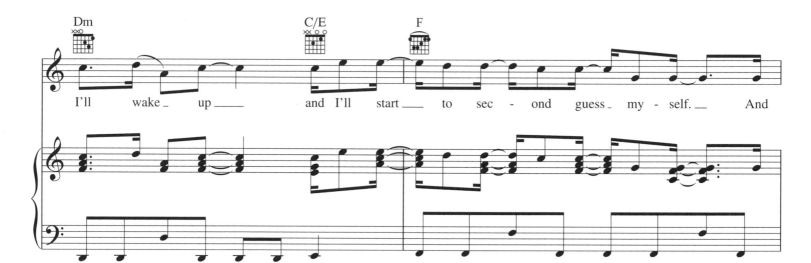

I'll wake _ up ___ and I'll start ___ to sec - ond guess _ my - self. ___ And

D.S. al Coda

I'll crave _ your _ touch, _____ but oh, I ___ know _ too well. _ That

CODA

So, ___ I ___ ain't com - ing back, _____

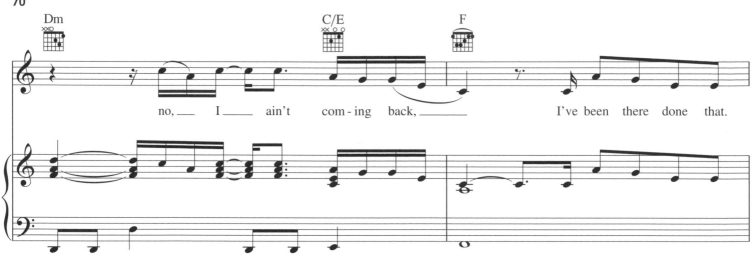

no, __ I __ ain't com - ing back, _____ I've been there done that.

Ba - by, I've been __ there done __ that. __

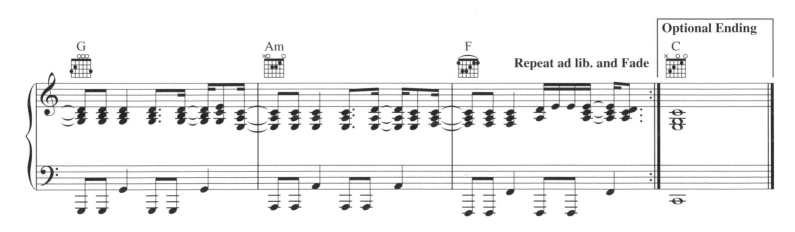

Optional Ending

Repeat ad lib. and Fade

FADED AWAY

Words and Music by LUKE BRYAN
and MICHAEL CARTER

Moderate Country Ballad

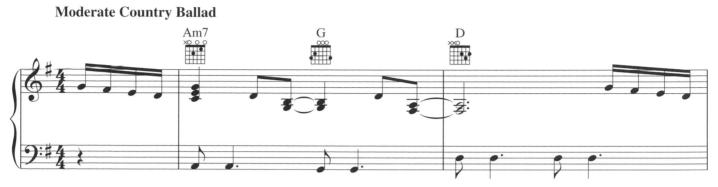

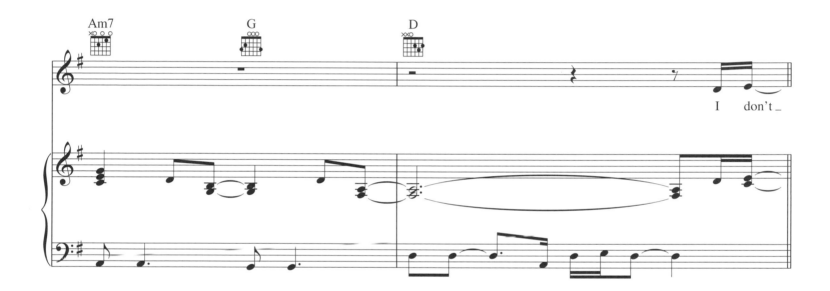

I don't

___ re-mem-ber much a-bout ___ that time, ___ just the smell ___ of the air ___ and your hand ___ in ___ mine. ___

taste the shots on your lips ___ that night ___ and the smoke ___ from the club ___ still ___ burns ___ my ___ eyes. ___

fad - ed a - way. _____

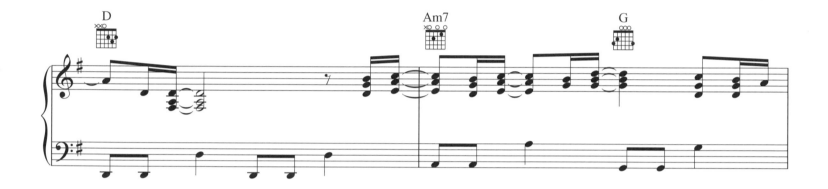

D.S. al Coda

CODA

fad - ed a - way. ___

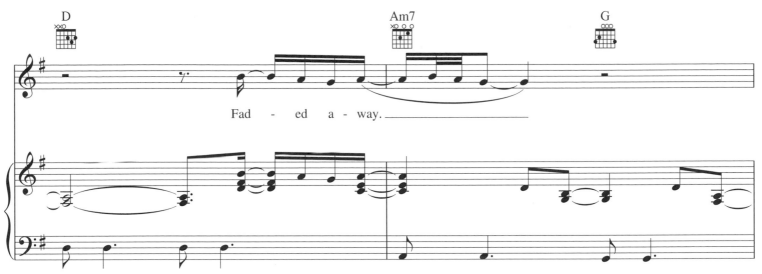

Fad - ed a - way. _____

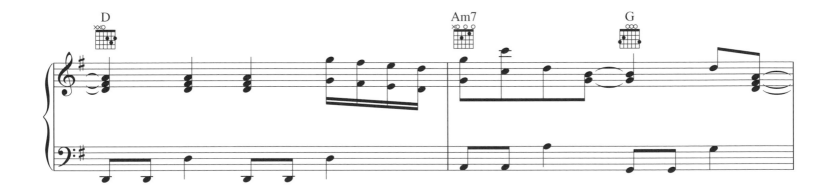

Repeat and Fade

Optional Ending

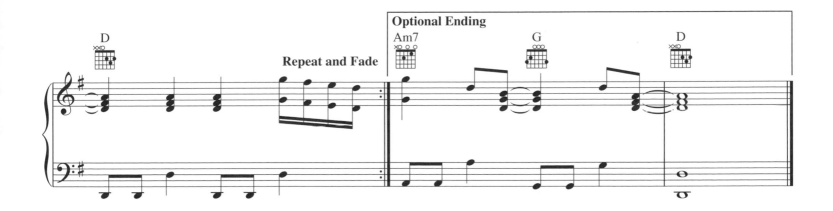

I KNEW YOU THAT WAY

Words and Music by RADNEY FOSTER
and JAY CLEMENTI

way that thun - der knows ___ the taste ___ of sum-mer rain, ___ I knew
gives in - to ___ the pas - sion of ___ the path it takes, ___ I knew
qui - et ease ___ that makes ___ a lov - er want to stay, ___ I knew

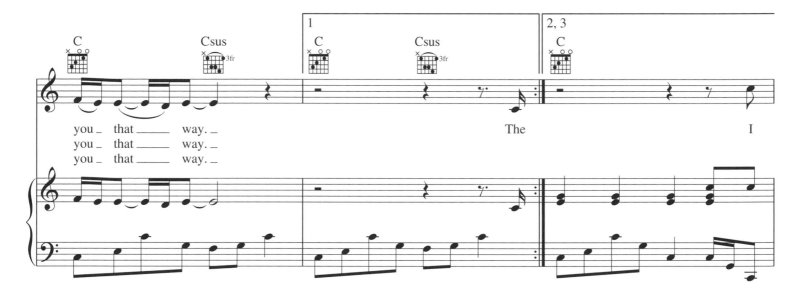

you ___ that ___ way. ___
you ___ that ___ way. ___
you ___ that ___ way. ___

The

I

held ___ you clos - er than ___ I had ___ a right ___ to hold. ___

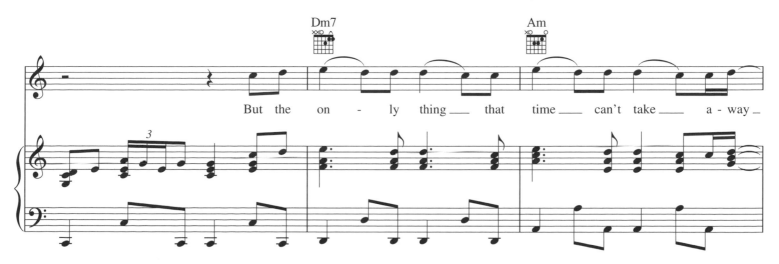

But the on - ly thing ___ that time ___ can't take ___ a - way ___

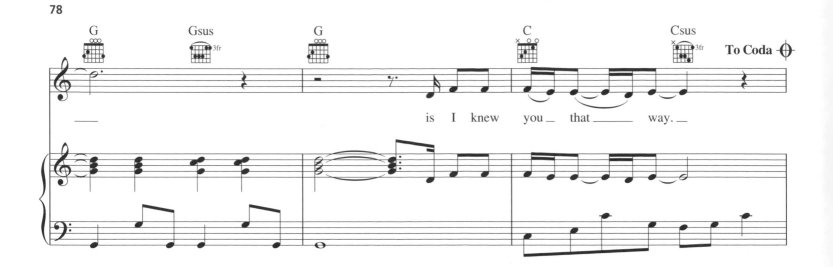

is I knew you_ that _____ way. _

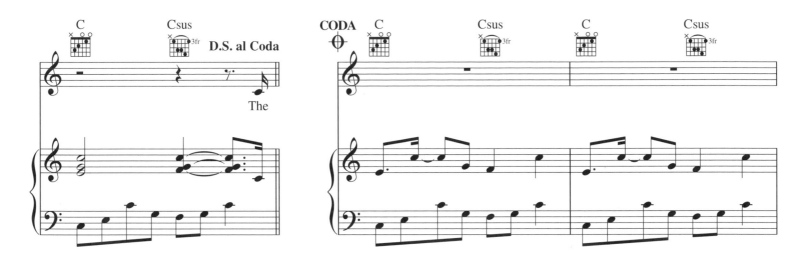

The

CODA

The ho - ly war_ that love_ knows it should

nev - er end, _ the sa - cred way_ that stars_ guide sail - ors home _

a - gain. __ Like tear - drops know __ the words __ to "A - maz-

- ing Grace," __ I knew you __ that _____ way. __

I knew you __ that _____ way. __

I knew you that ___ way.